新版 實用
視聽華語

學生作業簿

PRACTICAL AUDIO-VISUAL
CHINESE
STUDENT'S WORKBOOK
2ND EDITION

1

主 編 者◆國立臺灣師範大學
編輯委員◆王淑美・盧翠英・陳夜寧
策 劃 者◆教育部

目　錄

第一課　您貴姓？

NEW CHARACTERS

Character & Pronunciation		Radical	Stroke Order								
您 ㄋㄧㄣˊ	nín	心	ノ	イ	イ	竹	竹	你	你	你	您
			您	您							
貴 ㄍㄨㄟˋ	guì	貝	丶	丩	口	中	虫	串	串	串	青
			書	貴	貴						
姓 ㄒㄧㄥˋ	xìng	女	く	夕	女	女	奴	奸	姓	姓	
李 ㄌㄧˇ	lǐ	木	一	十	才	木	本	李	李		
先 ㄒㄧㄢ	xiān	儿	ノ	㇗	屮	生	步	先			
生 ㄕㄥ	shēng	生	ノ	㇗	仁	牛	生				
王 ㄨㄤˊ	wáng	玉	一	二	干	王					
我 ㄨㄛˇ	wǒ	戈	丶	二	千	手	找	我	我		
叫 ㄐㄧㄠˋ	jiào	口	丨	口	口	叫	叫				
好 ㄏㄠˇ	hǎo	女	女	奴	好	好					
是 ㄕˋ	shì	日	丶	口	曰	日	旦	早	早	昻	是
美 ㄇㄟˇ	měi	羊	丶	丷	丷	兰	羊	羊	羊	美	美

1

NEW CHARACTERS

Character & Pronunciation	Radical	Stroke Order							
國 guó	口	口	丨	冂	冂	冋	同	同	同	國 國
		國	國						
人 rén	人	人	丿	人					
嗎 ma	口	丶	口	口	叫	吖	吓	吓	嗎
		嗎	嗎	嗎	嗎				
不 bù	一	一	丆	不	不				
英 yīng	艹 (艸)	丶	艹	艹	艹	芢	苩	苩	英 英
你 nǐ	亻 (人)	丿	亻	伫	伫	你	你	你	
什 shé	亻 (人)	亻	仁	什					
麼 me	麻	丶	亠	广	广	庁	庁	庻	麻
		麻	麻	麻	麼	麼			
名 míng	口	丿	夕	夕	夕	名	名		
字 zì	子	丶	宀	宀	宁	字	字		
哪 nǎ	口	口	叨	叨	叨	明	哪	哪	哪

NEW CHARACTERS

Character & Pronunciation	Radical	Stroke Order								
呢 ㄋㄜ ne	口	口	口	叮	叮	呢	呢			
中 ㄓㄨㄥ zhōng	丨	丶	口	口	中					
他 ㄊㄚ tā	亻(人)	亻	仁	仲	他					
她 ㄊㄚ tā	女	女	如	妙	她					
誰 ㄕㄟ shéi	言	丶	亠	亠	言	言	言	言	計	計
		計	計	誰	誰	誰	誰			
台 ㄊㄞ tái	口	ㄥ	ㄙ	台	台	台				
灣 ㄨㄢ wān	水	丶	冫	氵	氵	氵	氵	氵	灣	灣
		氵	氵	灣	灣	灣	灣	灣	灣	灣
		灣	灣	灣	灣	灣	灣	灣		
華 ㄏㄨㄚ huá	艸	丶	十	十	艹	芒	苎	苹	莖	莖
		莖	莖	華						
臺 ㄊㄞ tái	土	一	十	士	吉	吉	吉	吉	亭	亳
		亭	亭	亭	臺	臺				

Ⅰ. Please read the following sentences, and add tone marks above the characters.

1. 先生，您貴姓？

2. 他姓什麼？叫什麼名字？是哪國人？

3. 我是中國人，你是美國人，她呢？

4. 我姓王，不姓李，誰姓李？

5. 王先生，您好，您是英國人嗎？

Ⅱ. Transcribe the following sentences into Chinese characters.

1. ㄋㄣˊ ㄍㄨㄟˋ ㄒㄧㄥˋ？
   Nínguèisìng?
   Nínguìxìng?

2. ㄨㄤˊ ㄒㄧㄢ ㄕㄥ ㄕˋ ㄋㄟˇ ㄍㄨㄛˊ ㄖㄣˊ？
   Wáng Siānshēng shìh něiguó rén?
   Wáng Xiānshēng shì něiguó rén?

3. ㄌㄧˇ ㄒㄧㄢ ㄕㄥ ㄏㄠˇ ㄇㄚ？
   Lǐ Siānshēng hǎo ma?
   Lǐ Xiānshēng hǎo ma?

4. ㄋㄧˇ ㄐㄧㄠˋ ㄕㄣˊ ㄇㄜ ㄇㄧㄥˊ ㄗ˙？
   Nǐ jiào shénme míngzìh?
   Nǐ jiào shénme míngzì?

5. ㄊㄚ ㄅㄨ ㄕ ㄧㄥ ㄍㄨㄛ ㄖㄣ，ㄋㄧ ㄋㄜ？
Tā búshìh Yīngguó rén, nǐ ne?
Tā búshì Yīngguó rén, nǐ ne?

6. ㄨㄛ ㄕ ㄇㄟ ㄍㄨㄛ ㄖㄣ，ㄋㄧ ㄋㄜ？
Wǒ shìh Měiguó rén, nǐ ne?
Wǒ shì Měiguó rén, nǐ ne?

7. ㄊㄚ (She) ㄕ ㄕㄟ？
Tā (She) *shìh shéi?*
Tā (She) *shì shéi?*

8. ㄊㄚ ㄒㄧㄥ ㄕㄣ ㄇㄜ？
Tā sìng shénme?
Tā xìng shénme?

9. ㄕㄟ ㄕ ㄓㄨㄥ ㄍㄨㄛ ㄖㄣ？
Shéi shìh Jhōngguó rén?
Shéi shì Zhōngguó rén?

10. ㄋㄧㄣ ㄕ ㄇㄟ ㄍㄨㄛ ㄖㄣ ㄇㄚ？
Nín shìh Měiguó rén ma?
Nín shì Měiguó rén ma?

Ⅲ. Answer the following questions.

1. 您貴姓？

2. 你叫什麼名字？

3. 你是中國人嗎？

5

4. 你是哪國人？

IV. Make appropriate questions according to the answers given.
   (The words underlined are stressed.)

   1. <u>他</u>叫 Michael。

   2. 他叫 <u>Michael</u>。

   3. 我姓<u>王</u>。

   4. 她姓<u>李</u>。

   5. 李先生是<u>英國人</u>。

   6. 我是<u>美國人</u>，<u>不是英國人</u>。

V. Translate the following sentences into Chinese.
   1. How are you, Mr. Li?

   2. I'm David, not Michael.

   3. I'm Chinese, and you?

   4. Are you English?

VI. What would you say?

　1. If you meet someone for the first time and want to know his surname, how would you ask him in a polite way?

　2. If you want to know a child's name, how would you ask?

　3. If you want to know someone's nationality, how would you ask?

第二課　早，您好

NEW CHARACTERS

Character & Pronunciation		Radical	Stroke Order							
早 ㄗㄠˇ	zǎo	日	丶	丨口	曰	日	旦	早		
趙 ㄓㄠˋ	zhào	走	一	十	土	丰	丰	走	走	赳 赳
			赵	赵	趙	趙	趙			
小 ㄒㄠˇ	xiǎo	小	亅	小	小					
姐 ㄐㄧㄝˇ	jiě	女	女	如	如	姐	姐	姐		
張 ㄓㄤ	zhāng	弓	乛	㇕	弓	引	弘	弨	弨	張
			張	張						
久 ㄐㄧㄡˇ	jiǔ	丿	丿	夕	久					
見 ㄐㄧㄢˋ	jiàn	見	丨	冂	月	月	目	貝	見	
啊 ㄚ	a	口	口	叮	叮	邖	呵	呵	啊	
很 ㄏㄣˇ	hěn	彳	丿	丿	彳	彳	行	行	很	很 很
謝 ㄒㄧㄝˋ	xiè	言	言	言	訂	訃	訃	訃	訃	謝
			謝	謝						
也 ㄧㄝˇ	yě	乙	乛	也	也					

NEW CHARACTERS

Character & Pronunciation	Radical	Stroke Order								
這 ㄓㄜ zhè	辶 (辵)	丶	一	亠	言	言	言	讠	讠	這
太 ㄊㄞ tài	大	一	ナ	大	太					
天 ㄊㄧㄢ tiān	大	一	二	于	天					
氣 ㄑㄧ qì	气	丿	𠂉	𠂉	气	气	气	氙	氣	
		氣								
熱 ㄖㄜ rè	灬 (火)	一	十	土	耂	尢	去	幸	坴	埶
		埶	埶	熱	熱	熱	熱			
去 ㄑㄩ qù	厶	一	十	土	去	去				
上 ㄕㄤ shàng	一	一	丨	上	上					
課 ㄎㄜ kè	言	言	訁	訂	訶	評	評	課	課	課
們 ㄇㄣ men	亻 (人)	亻	亻	们	们	们	們	們	們	們
忙 ㄇㄤ máng	忄 (心)	丶	忄	忄	忄	忙	忙			
再 ㄗㄞ zài	冂	一	厂	丏	冉	再	再			
冷 ㄌㄥ lěng	冫	丶	丶	冫	汄	冷	冷	冷		

Ⅰ. Please read the following sentences, and add tone marks above the characters.

1. 早，趙小姐，去上課啊？

2. 張太太，好久不見，您忙不忙？

3. 天氣很好，不冷也不熱。

4. 謝謝你們，再見。

5. 趙太太，這是什麼？

Ⅱ. Transcribe the following sentences into Chinese characters.

1. ㄏㄠˇ ㄐㄧㄡˇ ㄅㄨˊ ㄐㄧㄢˋ，ㄓㄤ ㄒㄧㄠˇ ㄐㄧㄝˇ。
   Hǎo jiǒu bújiàn, Jhāng Siǎojiě?
   Hǎo jiǔ bújiàn, Zhāng Xiǎojiě?

2. ㄗㄠˇ，ㄓㄠˋ ㄒㄧㄢ ㄕㄥ，ㄊㄧㄢ ㄘˋ ㄏㄠˇ ㄖㄜˋ ㄚ！
   Zǎo, Jhào Siānshēng, tiāncì hǎo rè a!
   Zǎo, Zhào Xiānshēng, tiānqì hǎo rè a!

3. ㄋㄧˇ ㄇㄣ˙ ㄘˋ ㄕㄤˋ ㄎㄜˋ ㄚ。
   Nǐmen cù shàngkè a?
   Nǐmen qù shàngkè a?

4. ㄨㄛˇ ㄇㄣ˙ ㄧㄝˇ ㄏㄣˇ ㄇㄤˊ。
   Wǒmen yě hěn máng.

5. ㄒㄧㄝㄒㄧㄝㄋㄧㄣ，ㄨㄤㄒㄧㄠㄐㄧㄝ。

   Sièsie nín, Wáng Siǎojiě.

   Xièxie nín, Wáng Xiǎojiě.

6. ㄓㄜㄕㄓㄤㄊㄞㄊㄞ。

   Zhè shìh Jhāng Tàitai.

   Zhè shì Zhāng Tàitai.

7. ㄨㄛㄏㄣㄇㄤ，ㄋㄧㄋㄜ。

   Wǒ hěn máng, nǐ ne?

   Wǒ hěn máng, nǐ ne?

8. ㄗㄞㄐㄧㄢ，ㄓㄠㄒㄧㄠㄐㄧㄝ。

   Zàijiàn, Jhào Siǎojiě.

   Zàijiàn, Zhào Xiǎojiě.

9. ㄊㄚㄇㄣㄘㄨ，ㄨㄛㄧㄝㄘㄨ。

   Tāmen cù, wǒ yě cù.

   Tāmen qù, wǒ yě qù.

10. ㄊㄧㄢㄘㄏㄣㄖㄜㄇㄚ？

   Tiāncì hěn rè ma?

   Tiānqì hěn rè ma?

Ⅲ. Change the following positive sentences into negative sentences.

1. 她很忙。

2. 他也熱。

3. 我們很好。

4. 你們冷嗎？

IV. Change the following question sentences into SV-not-SV questions.

1. 他們好嗎？

2. 你冷嗎？

3. 李先生忙嗎？

4. 你們熱嗎？

V. Answer the following questions.

1. 你好嗎？

2. 王先生忙不忙？

3. 他們不熱嗎？

4. 誰很忙？

5. 我不太冷，你呢？

VI. Translate the following sentences into Chinese.

1. Miss Zhang is also not hot.

2. They are not very cold?

3. Who is not very hot?

4. He is very busy, and very tired.

5. We are fine, how about you?

VII. What would you say?

1. If you want to say hello to someone on the street in the morning, what would you say?

2. If noon, afternoon, evening or some other time you want to say hello, what would you say?

3. If you meet a classmate at school and you think he is going to class, how do you say?

4. If you want to introduce Miss Zhang to Mr. Wang, what would you say?

5. If someone introduce you to Mr. Zhang, what would you say after you hear his name?

第三課　我喜歡看電影

NEW CHARACTERS

Character & Pronunciation		Radical	Stroke Order								
喜 ㄒㄧˇ	xǐ	口	一	十	吉	吉	壴	壴	壴	喜	
歡 ㄏㄨㄢ	huān	欠	丶	㆒	㇐	ㅛ	ㅛ	吅	苩	苩	苩
			苩	苹	萑	雚	雚	雚	歡	歡	歡
看 ㄎㄢˋ	kàn	目	一	二	三	手	禾	看	看	看	看
電 ㄉㄧㄢˋ	diàn	雨	一	冂	冖	干	雨	雨	雨	雨	雨
			雫	雪	雷	電					
影 ㄧㄥˇ	yǐng	彡	丶	冂	日	日	旦	昌	景	景	景
			景	景	影	影					
視 ㄕˋ	shì	見	丶	亅	礻	礻	礻	初	祁	祁	祖
			視								
都 ㄉㄡ	dōu	阝(邑)	一	十	土	尹	尹	者	者	者	者
			都	都							
有 ㄧㄡˇ	yǒu	月	一	ナ	才	冇	有	有			
沒 ㄇㄟˊ	méi	氵(水)	丶	冫	氵	氵	沪	汐	沒		

NEW CHARACTERS

Character & Pronunciation		Radical	Stroke Order								
汽 ㄑㄧˋ	qì	氵(水)	氵	氵	汀	汽	汽				
車 ㄔㄜ	chē	車	一	厂	盲	盲	曰	亘	車		
要 ㄧㄠˋ	yào	西	一	一	币	襾	襾	覀	要	要	要
買 ㄇㄞˇ	mǎi	貝	丶	冂	罒	罒	四	罒	胃	胃	胃
			買	買	買						
可 ㄎㄜˇ	kě	口	一	口	可						
書 ㄕㄨ	shū	曰	一	一	一	聿	圭	書	書	書	書
			書								
日 ㄖˋ	rì	日	丨	冂	日	日					
本 ㄅㄣˇ	běn	木	一	十	才	木	本				
筆 ㄅㄧˇ	bǐ	竹(竹)	丿	𠂉	𥫗	𥫗	𥫗	𥫗	筝	等	等
			筆	筆	筆						
德 ㄉㄜˊ	dé	彳	彳	彳	彳	彷	彷	徏	徝	徝	德
			德	德	德	德					

NEW CHARACTERS

Character & Pronunciation		Radical	Stroke Order								
報 ㄅㄠˋ	bào	土	一	十	土	圡	坴	坴	坴	幸	幸丮
			幸丮	報	報						
法 ㄈㄚˇ	fǎ	氵(水)	氵	汇	汁	汢	法	法			
文 ㄨㄣˊ	wén	文	丶	亠	文	文					
東 ㄉㄨㄥ	dōng	木	一	厂	冂	㡯	自	車	東	東	
西 ㄒㄧ	xī	西	一	厂	冂	丙	西	西			
懂 ㄉㄨㄥˇ	dǒng	忄(心)	丶	忄	忄	忄	忄	忄	忄	忄	忄
			忄	忄	忄	懂	懂	懂	懂		

Ⅰ. Please read the following sentences, and add tone marks above the characters.

1. 電影、電視，我都喜歡看。

2. 我沒有汽車，我要買日本車。

3. 德文書報，我都不懂。

4. 法國東西好看，可是貴。

5. 他們有日本筆，你要買嗎？

Ⅱ. Transcribe the following sentences into Chinese characters.

1. ㄊㄒㄠㄢㄣ，ㄅㄒㄠㄢㄠㄕ。
Tā sǐhuān kàn shū, bù sǐhuān kàn diànshìh.
Tā xǐhuān kàn shū, bù xǐhuān kàn diànshì.

2. ㄈㄍㄛㄢ，ㄛㄅㄢ。
Fǎguó diànyǐng, wǒ bùdǒng.
Fǎguó diànyǐng, wǒ bùdǒng.

3. ㄖㄣㄑㄜㄉㄠㄇ？
Rìhběn cìchē dōu hǎo ma?
Rìběn qìchē dōu hǎo ma?

4. ㄛㄇㄡㄉㄍㄛㄉㄒ。
Wǒ méiyǒu Déguó dōngsī.
Wǒ méiyǒu Déguó dōngxī.

5. ㄋㄧˇ ㄧㄠˋ ㄇㄞˇ ㄓㄨㄥㄨㄣˊ ㄅㄠˋ ㄇㄚ˙ 。

Nǐ yào mǎi Jhōngwún bào ma?

Nǐ yào mǎi Zhōngwén bào ma?

6. ㄨㄛˇ ㄅㄨˋ ㄉㄨㄥˇ ㄧㄥㄨㄣˊ 。

Wǒ bùdǒng Yīngwún.

Wǒ bùdǒng Yīngwén.

7. ㄨㄛˇ ㄧㄡˇ ㄕㄨ ，ㄎㄜˇ ㄕˋ ㄇㄟˊ ㄧㄡˇ ㄅㄧˇ 。

Wǒ yǒu shū, kěshìh méiyǒu bǐ.

Wǒ yǒu shū, kěshì méiyǒu bǐ.

8. ㄨㄛˇ ㄇㄣ˙ ㄉㄡ ㄅㄨˊ ㄎㄢˋ ㄖˋ ㄅㄣˇ ㄉㄧㄢˋ ㄧㄥˇ 。

Wǒmen dōu búkàn Rìhběn diànyǐng.

Wǒmen dōu búkàn Rìběn diànyǐng.

9. ㄕㄟˊ ㄧㄠˋ ㄇㄞˇ ㄈㄚˇ ㄍㄨㄛˊ ㄑㄧˋ ㄔㄜ 。

Shéi yào mǎi Fǎguó cìchē?

Shéi yào mǎi Fǎguó qìchē?

10. ㄉㄜˊ ㄍㄨㄛˊ ㄅㄧˇ ㄍㄨㄟˋ ，ㄎㄜˇ ㄕˋ ㄏㄣˇ ㄏㄠˇ 。

Déguó bǐ guèi, kěshìh hěn hǎo.

Déguó bǐ guì, kěshì hěn hǎo.

Ⅲ. Change the following question sentences into Verb-not-Verb questions.

1. 你喜歡他嗎？

2. 他有汽車嗎？

3. 王小姐要看英文書嗎？

4. 他們喜歡看報嗎？

5. 張先生要買電視嗎？

6. 趙太太看中國電影嗎？

IV. Negate the following sentences by using 不 or 沒。
1. 我要買筆。

2. 李小姐有汽車。

3. 他看中文書，也看英文書。

4. 中國人都喜歡我。

5. 德國書貴，德國筆也貴。

V. Transpose the objects of the following sentences to the topic position.
1. 你有沒有中文報。

2. 他買中國筆，不買美國筆。

3. 李小姐看書，也看報。

4. 我不喜歡王先生，也不喜歡王太太。

5. 趙先生要看電影，可是不要看電視。

VI. Translate the following sentences into Chinese.

1. Not all American cars are expensive.

2. They all don't have pens?

3. Are all Chinese people good looking?

4. He doesn't have any Chinese pens or American pens.

5. I want to read an English book, but I don't have any.

6. She doesn't have a car, and Miss Li also doesn't have one, either.

7. Who does he like?

8. What newspaper would you like to read?

VII. What would you say?

1. If you want to ask a clerk if he sells Chinese books, how would you ask?

2. If you want to buy a Chinese newspaper, but do not know if the clerk sells them, how would you ask?

3. Someone asks you if you like to watch movies or T.V., if you like to watch both, how do you answer?

第四課　這枝筆多少錢？

NEW CHARACTERS

Character & Pronunciation		Radical	Stroke Order							
一 ㄧ	yī	一	一							
二 ㄦˋ	èr	二	一	二						
三 ㄙㄢ	sān	一	一	二	三					
四 ㄙˋ	sì	口	丨	冂	叨	四	四			
五 ㄨˇ	wǔ	二	一	丆	五	五				
六 ㄌㄧㄡˋ	liù	八	丶	亠	宀	六				
七 ㄑㄧ	qī	一	一	七						
八 ㄅㄚ	bā	八	丿	八						
九 ㄐㄧㄡˇ	jiǔ	乙	丿	九						
十 ㄕˊ	shí	十	一	十						
枝 ㄓ	zhī	木	一	十	才	木	杧	杧	枝	枝
多 ㄉㄨㄛ	duō	夕	丿	夕	夕	多	多	多		
少 ㄕㄠˇ	shǎo	小	丨	小	小	少				
錢 ㄑㄧㄢˊ	qián	金	丿	人	仁	仁	牟	乍	金	金

NEW CHARACTERS

Character & Pronunciation	Radical	Stroke Order								
		鈛	鈛	錢	錢					
種 ㄓㄨㄥˇ zhǒng	禾	一	二	千	手	禾	禾	秆	秄	秱
		稻	稙	稙	種	種				
毛 ㄇㄠˊ máo	毛	一	二	三	毛					
分 ㄈㄣ fēn	刀	丿	八	分	分					
幾 ㄐㄧˇ jǐ	幺	乚	幺	幺	丝	丝	丝	丝	幾	幾
		幾								
兩 ㄌㄧㄤˇ liǎng	入	一	厂	厅	币	兩	兩	兩		
塊 ㄎㄨㄞˋ kuài	土	一	十	士	圹	圹	垍	垍	塊	塊
		塊	塊	塊						
零 ㄌㄧㄥˊ líng	雨	一	一	兩	雫	零	零	零	零	零
給 ㄍㄟˇ gěi	糸	乚	幺	幺	糸	糸	糸	糺	給	給
請 ㄑㄧㄥˇ qǐng	言	言	言	訁	詿	訨	請	請	請	
找 ㄓㄠˇ zhǎo	扌(手)	一	十	扌	扌	找	找	找		

24

NEW CHARACTERS

Character & Pronunciation		Radical	Stroke Order								
個 ㄍㄜ	gè	亻 (人)	亻	亻	们	佪	們	個	個		
杯 ㄅㄟ	bēi	木	一	十	才	木	朾	朾	杯	杯	
共 ㄍㄨㄥ	gòng	八	一	十	卄	共	共	共			
半 ㄅㄢ	bàn	十	丶	丷	半	半	半				
位 ㄨㄟ	wèi	亻 (人)	亻	亻	仁	位	位	位			
那 ㄋㄚ	nà	阝 (邑)	フ	㇕	㇕	尹	那	那	那		

25

Ⅰ. Please read the following sentences, and add tone marks above the characters.

1. 一、二、三、四、五、六、七、八、九、十，我一共有十個。

2. 請你給那位先生一杯咖啡(kāfēi)。

3. 我有二十三塊零五分錢，你要多少？

4. 這種筆幾毛錢一枝？

5. 請你找我兩塊半。

Ⅱ. Transcribe the following sentences into Chinese characters.

1. ㄓㄜˋㄌㄧㄤˇㄅㄣˇㄕㄨㄉㄨㄛㄕㄠˇㄑㄧㄢˊ。

Jhè liǎngběn shū duōshǎo cián?

Zhè liǎngběn shū duōshǎo qián?

2. ㄧˋㄓㄧㄅㄧˇㄨˇㄎㄨㄞˋㄙㄢㄇㄠˊㄨˇㄈㄣㄑㄧㄢˊ。

Yìzhīh bǐ wǔkuài sānmáo wǔfēn cián.

Yìzhī bǐ wǔkuài sānmáo wǔfēn qián.

3. ㄙㄢㄓㄧㄅㄧˇㄧˊㄍㄨㄥˋㄕˊㄌㄧㄡˋㄎㄨㄞˋㄌㄧㄥˊㄨˇㄈㄣㄑㄧㄢˊ。

Sānzhīh bǐ yígòng shíliòukuài líng wǔfēn cián.

Sānzhī bǐ yígòng shíliùkuài líng wǔfēn qián.

4. ㄋㄟˋㄓㄨㄥˇㄉㄨㄥㄒㄧㄍㄨㄟˋㄅㄨˊㄍㄨㄟˋ？

Nèijhǒng dōngsī guèi búguèi?

Nèizhǒng dōngxī guì búguì?

5. ㄑㄧㄥˇ ㄋㄧˇ ㄧㄝˇ ㄍㄟˇ ㄨㄛˇ ㄧ ㄅㄟ，ㄏㄠˇ ㄅㄨˋ ㄏㄠˇ。

Cǐng nǐ yě gěi wǒ yìbēi, hǎo bùhǎo?

Qǐng nǐ yě gěi wǒ yìbēi, hǎo bùhǎo?

6. ㄋㄟˋ ㄍㄜ˙ ㄖㄣˊ ㄧㄠˋ ㄇㄞˇ ㄉㄨㄛ ㄕㄠˇ ㄅㄣˇ ㄕㄨ。

Nèige rén yào mǎi duōshǎoběn shū?

Nèige rén yào mǎi duōshǎoběn shū?

7. ㄋㄚˋ ㄙˋ ㄨㄟˋ ㄒㄧㄢ ㄕㄥ ㄉㄡ ㄕˋ ㄇㄟˇ ㄍㄨㄛˊ ㄖㄣˊ。

Nà sìhwèi siānshēng dōu shìh Měiguó rén.

Nà sìwèi xiānshēng dōu shì Měiguó rén.

8. ㄑㄧㄥˇ ㄋㄧˇ ㄓㄠˇ ㄨㄛˇ ㄦˋ ㄕˊ ㄅㄚ ㄎㄨㄞˋ ㄅㄢˋ。

Cǐng nǐ jhǎo wǒ èrshíhbākuài bàn.

Qǐng nǐ zhǎo wǒ èrshíbākuài bàn.

9. ㄨㄛˇ ㄇㄟˊ ㄧㄡˇ ㄌㄧㄥˊ ㄑㄧㄢˊ。

Wǒ méiyǒu língcián.

Wǒ méiyǒu língqián.

10. ㄙㄢ ㄓ ㄅㄧˇ ㄐㄧㄡˇ ㄎㄨㄞˋ ㄑㄧㄢˊ，ㄧ ㄓ ㄅㄧˇ ㄐㄧˇ ㄎㄨㄞˋ ㄑㄧㄢˊ。

Sānzhīh bǐ jiǒukuài cián, yìzhīh bǐ jǐkuài cián?

Sānzhī bǐ jiǔkuài qián, yìzhī bǐ jǐkuài qián?

Ⅲ. Write the following numbers and money amounts in Chinese.

a. numbers

8	54	47
12	68	90

23   75   89

b. money amounts

$0.05

$2.04

$12.16

$38.50

$76.89

IV. Make appropriate questions which will lead to the following answers.

b. use 幾：

1. 一枝筆五塊錢。

2. 我要買兩份ㄈㄣ (fèn) 報。

3. 他們要七輛ㄌㄧㄤ (liàng) 車。

4. 李小姐有三枝筆。

5. 一共有兩位先生，四位小姐。

c. use 多少：

1. 王太太給我十六本書。

2. 他有五十三塊錢。

3. 我們一共要買二十六枝筆。

V. Make sentences.

1. 一共

2. 給

3. 請

4. 找

5. 半

VI. Translate the following phrases or sentences into Chinese.

1. this book

2. those three pens

3. which five Americans?

4. Who gave you these two books?

5. Who do you want to give that car to?

6. Please give him a newspaper.

7. I don't like that kind of movie.

第五課　我家有五個人

NEW CHARACTERS

Character & Pronunciation		Radical	Stroke Order								
家 ㄐㄧㄚ	jiā	宀	、	丷	宀	宀	宀	宁	宇	豕	家
			家								
爸 ㄅㄚ	bà	父	八	丷	父	爷	爷	谷	爸		
媽 ㄇㄚ	mā	女	女	女	妒	妒	妒	娒	媽	媽	
的 ㄉㄜ	de	白	ノ	亻	白	白	白	白	的	的	
像 ㄒㄧㄤ	xiàng	亻(人)	亻	亻	伫	伫	伊	俊	俊	伊	像
			像	像	像	像					
片 ㄆㄧㄢ	piàn	片	ノ	丿	尸	片	片				
兒 ㄦ	ér	儿	ノ	亻	午	臼	臼	臼	臼	兒	
老 ㄌㄠ	lǎo	老	一	十	土	步	老	老			
師 ㄕ	shī	巾	ノ	亻	广	户	自	自	自	師	師
			師								
對 ㄉㄨㄟ	duì	寸	、	业	业	业	业	业	业	业	业
			业	业	對	對					

NEW CHARACTERS

Character & Pronunciation		Radical	Stroke Order							
哥 ㄍㄜ	gē	口	一	哥	可	哥	哥	哥		
還 ㄏㄞˊ	hái	辶 (辵)	口	罒	罒	罒	罒	罒	罒	罒
			睘	瞏	瞏	還				
弟 ㄉㄧˋ	dì	弓	丶	丷	꼬	꼬	꼬	弟	弟	
女 ㄋㄩˇ	nǚ	女	ㄑ	夕	女					
孩 ㄏㄞˊ	hái	子	ㄱ	了	子	孑	孑	孩	孩	孩
子 ㄗˇ	zǐ	子	ㄱ	了	子					
朋 ㄆㄥˊ	péng	月	丿	刀	月	月	刖	朋	朋	
友 ㄧㄡˇ	yǒu	又	一	ナ	方	友				
些 ㄒㄧㄝ	xiē	二	丨	卜	止	止	些	此	些	些
伯 ㄅㄛˊ	bó	亻 (人)	亻	亻	仁	佇	伯	伯		
貓 ㄇㄠ	māo	豸	丿	丷	丷	豸	豸	豸	豸	豹
			豹	貓	貓	貓				
男 ㄋㄢˊ	nán	田	丶	口	日	田	田	囲	男	

NEW CHARACTERS

Character & Pronunciation		Radical	Stroke Order							
狗 ㄍㄡˇ	gǒu	犭(犬)	ノ	犭	犭	犭	豹	狗		
學 ㄒㄩㄝˊ	xué	子	`	ʔ	ʔ	ʔ	ʔ	ʔ	臼	臼	臼
			臼	臼	臼	與	學	學	學	
妹 ㄇㄟˋ	mèi	女	女	女	奵	妎	妹	妹		
相 ㄒㄧㄤˋ	xiàng	目	一	十	才	木	机	机	相	相	相

Ⅰ. Please read the following sentences, and add tone marks above the characters.

1. 我哥哥、姐姐、弟弟、妹妹都是學生。

2. 王老師是你爸爸媽媽的朋友，對不對？

3. 我家有狗，也有貓。

4. 那些像片兒是你的還是她的？

5. 李伯伯有兩個男孩子，沒有女兒。

Ⅱ. Transcribe the following sentences into Chinese characters.

1. ㄓㄜˋ ㄕˋ ㄕㄟˊㄉㄜ ㄒㄧㄤˋㄆㄧㄢˋㄦ？

   Jhè shìh shéide siàngpiànr?

   Zhè shì shéide xiàngpiànr?

2. ㄨㄛˇ ㄅㄚˋㄅㄚ ㄇㄚㄇㄚ ㄉㄡ ㄕˋ ㄌㄠˇㄕ。

   Wǒ bàba māma dōu shìh lǎoshīh.

   Wǒ bàba māma dōu shì lǎoshī.

3. ㄋㄧˇ ㄒㄧㄏㄨㄢ ㄍㄡˇ ㄏㄞˊ ㄕˋ ㄇㄠ。

   Nǐ sǐhuān gǒu háishìh māo?

   Nǐ xǐhuān gǒu háishì māo?

4. ㄨㄛˇ ㄍㄜㄍㄜㄉㄜ ㄋㄩˇ ㄆㄥˊ ㄧㄡˇ ㄏㄣˇ ㄏㄠˇ ㄎㄢˋ。

   Wǒ gēgede nyǔpéngyǒu hěn hǎokàn?

   Wǒ gēgede nǔpéngyǒu hěn hǎokàn?

5. ㄋㄧˇ ㄇㄟˊ ㄧㄡˇ ㄐㄧㄝˇ ㄐㄧㄝ˙ ㄇㄟˋ ㄇㄟ˙ ，ㄉㄨㄟˋ ㄅㄨˊ ㄉㄨㄟˋ 。

Nǐ méiyǒu jiějie mèimei, duèi búduèi?

Nǐ méiyǒu jiějie mèimei, duì búduì?

6. ㄋㄟˋ ㄒㄧㄝ ㄉㄨㄥ ㄙ ㄉㄡ ㄕˋ ㄨㄛˇ ㄉㄧˋ ㄉㄧ˙ ㄉㄜ˙ 。

Nèisiē dōngsī dōu shìh wǒ dìdide.

Nèixiē dōngxī dōu shì wǒ dìdide.

7. ㄧㄡˇ ㄉㄜ˙ ㄒㄩㄝˊ ㄕㄥ ㄧㄡˇ ㄑㄧˋ ㄔㄜ 。

Yǒude syuéshēng yǒu cìchē.

Yǒude xuéshēng yǒu qìchē.

8. ㄨㄛˇ ㄆㄥˊ ㄧㄡˇ ㄐㄧㄚ ㄧㄡˇ ㄙˋ ㄍㄜ˙ ㄋㄢˊ ㄏㄞˊ ㄗ˙ 。

Wǒ péngyǒu jiā yǒu sìhge nán háizih.

Wǒ péngyǒu jiā yǒu sìge nán háizi.

9. ㄓㄤ ㄅㄛˊ ㄅㄛ˙ ㄧㄡˇ ㄧˊ ㄍㄜ˙ ㄦˊ ㄗ˙ ，ㄌㄧㄤˇ ㄍㄜ˙ ㄋㄩˇ ㄦˊ 。

Jhāng bóbo yǒu yíge érzih, liǎngge nyǚér.

Zhāng bóbo yǒu yíge érzi, liǎngge nǚér.

10. ㄧㄡˇ ㄉㄜ˙ ㄒㄧㄠˇ ㄏㄞˊ ㄗ˙ ㄊㄞˋ ㄒㄧˇ ㄏㄨㄢ ㄎㄢˋ ㄉㄧㄢˋ ㄕˋ 。

Yǒude siǎoháizih tài sǐhuān kàn diànshìh.

Yǒude xiǎoháizi tài xǐhuān kàn diànshì.

Ⅲ. Correct the following sentences, each of which has one error.

1. 媽媽是英文的老師。

2. 你書很好看。

3. 我狗不累ㄌㄟˋ (lèi)。

4. 這枝筆是誰？

5. 他那兩個的朋友很忙。

IV. Answer the following questions with "有的……有的……"
  1. 這些字，都對嗎？

  2. 你那些朋友，都是美國人嗎？

  3. 中國東西，你都喜歡嗎？

  4. 你這些杯子都好看嗎？

V. Translate the following expressions into Chinese.
  1. His family has one cat, and also one dog.

  2. Is this yours, or is it your friend's?

  3. Those pens of his, some are expensive, some are not.

  4. That friend of mine is not busy.

  5. Are both those girls your younger sisters?

VI. What would you say?
  1. If you want to know how many people are in someone's family, how

would you ask him/her?

2. If you want to know which family members are in the family, how would you ask him/her?

3. How do you say hello to a classmate's mother or father?

VII. Using Chinese, introduce your family. For example, altogether how many people are there, what relationship do they have to you, what are their names, and what do they like?

第六課　我想買一個新照像機

NEW CHARACTERS

Character & Pronunciation	Radical	Stroke Order								
想 ㄒㄧㄤˇ xiǎng	心	一	十	才	木	机	机	相	相	相
		相	想	想	想					
新 ㄒㄧㄣ xīn	斤	、	一	立	立	立	立	辛	亲	亲
		亲	新	新	新					
照 ㄓㄠˋ zhào	灬(火)	丨	冂	日	日	昭	昭	昭	照	
機 ㄐㄧ jī	木	一	十	木	木	朴	朴	機	機	樺
		機	機	機						
問 ㄨㄣˋ wèn	口	丨	冂	冂	門	門	門	門	門	問
舊 ㄐㄧㄡˋ jiù	臼	艹	艿	艿	芢	芢	萑	萑	崔	舊
		舊	舊	舊	舊	舊				
了 ㄌㄜ le	亅	乛	了							
貨 ㄏㄨㄛˋ huò	貝	亻	仁	化	貨					
覺 ㄐㄩㄝˊ jué	見	丶	丷	乍	乍	臼	臼	臼	臼	與
		學	學	學	覺					

39

NEW CHARACTERS

Character & Pronunciation		Radical	Stroke Order								
得 ㄉㄜ	de	彳	彳	彳	彳	彳	彳	得	得	得	得
大 ㄉㄚ	dà	大	一	ナ	大						
百 ㄅㄞ	bǎi	白	一	丆	了	万	百	百			
便 ㄆㄧㄢ	pián	亻(人)	亻	亻	亻	侊	佰	佰	伊	便	
宜 ㄧ	yí	宀	丶	丷	宀	宀	市	宜	宜		
只 ㄓ	zhǐ	口	尸	只							
賣 ㄇㄞ	mài	貝	一	十	士	声	声	声	壺	壺	壺
			賣								
萬 ㄨㄢ	wàn	艹(艸)	艹	艹	艻	苫	苗	苗	萬	萬	萬
			萬								
知 ㄓ	zhī	矢	ノ	㇒	仁	矢	矢	知			
道 ㄉㄠ	dào	辶(辵)	丷	丷	丷	首	首	首	首	道	道
			道								
千 ㄑㄧㄢ	qiān	十	丿	二	千						

NEW CHARACTERS

Character & Pronunciation		Radical	Stroke Order								
真 ㄓㄣ	zhēn	目	一	十	古	肻	直	真			
校 ㄒㄧㄠ	xiào	木	一	十	木	术	栌	栌	栌	栌	校
億 ㄧ	yì	亻(人)	亻	亻	亻	佇	倍	倍	倍	倍	億
錶 ㄅㄧㄠ	biǎo	金	人	上	午	午	金	金	釒	釒	錶
			錶	錶	錶	錶					
夠 ㄍㄡ	gòu	夕	丿	勹	夕	多	多	夠	夠		

Ⅰ. Please read the following sentences, and add tone marks above the characters.

1. 請問，中國有十二億人，對不對？

2. 這個照像機是日本貨，一萬塊錢，真不便宜。

3. 我知道那個學校只有八千學生。

4. 我覺得我的車太舊也太小了，我想買大的新車。

5. 我想買錶，五百塊錢夠不夠？

Ⅱ. Transcribe the following sentences into Chinese characters.

1. ㄨㄛ ㄒㄧ ㄐ ㄍㄜ ㄓ ㄒㄧ ㄐ ㄅ ㄆㄧ ㄧ 。
Wǒ siǎng jhèige jhàosiàngjī bùpiányí.
Wǒ xiǎng zhèige zhàoxiàngjī bùpiányí.

2. ㄨㄛ ㄅ ㄓ ㄉㄠ ㄋㄟ ㄍㄜ ㄒㄩ ㄒㄧ ㄧㄡ ㄉㄨ ㄕ ㄒㄩ ㄕ 。
Wǒ bùzhīhdào nèige syuéxiào yǒu duōshǎo syuéshēng.
Wǒ bùzhīdào nèige xuéxiào yǒu duōshǎo xuéshēng.

3. ㄒㄧ ㄔㄜ ㄍㄨㄟ ，ㄐㄧㄡ ㄔㄜ ㄆㄧ 。
Sīnchē guèi, jiòuchē piányí.
Xīnchē guì, jiùchē piányí.

4. ㄑㄧ ㄨㄣ ㄓㄜ ㄕ ㄉㄜ ㄍㄨㄛ ㄏㄨㄛ ㄏㄞ ㄕ ㄖ ㄅㄣ ㄏㄨㄛ ？
Cǐngwèn jhè shìh Déguó huò háishìh Rìhbǔn huò?
Qǐngwèn zhè shì Déguó huò háishì Rìbǔn huò?

42

5. ㄨㄛˇ ㄐㄩㄝˊ˙ㄉㄜ ㄓㄜˋㄅㄣˇ ㄕㄨ ㄓㄣ ㄏㄠˇ。

Wǒ juéde jhèibǎn shū jhēn hǎo.

Wǒ juéde zhèibǎn shū zhēn hǎo.

6. ㄇㄟˇ ㄍㄨㄛˊ ㄧㄡˇ ㄌㄧㄤˇㄧˋ ㄖㄣˊ, ㄉㄨㄟˋ ㄅㄨˊㄉㄨㄟˋ?

Měiguó yǒu liǎngyì rén, duèi búduèi?

Měiguó yǒu liǎngyì rén, duì búduì?

7. ㄊㄞˋ ㄍㄨㄟˋ˙ㄌㄜ, ㄨㄛˇ˙ㄉㄜ ㄑㄧㄢˊ ㄅㄨˊ ㄍㄡˋ。

Tài guèi le, wǒde cián búgòu.

Tài guì le, wǒde qián búgòu.

8. ㄒㄧㄣ˙ㄉㄜ ㄇㄞˋ ㄧˊㄨㄢˋㄎㄨㄞˋ ㄑㄧㄢˊ, ㄐㄧㄡˋ˙ㄉㄜ ㄓˇ ㄇㄞˋ ㄌㄧㄤˇㄑㄧㄢㄎㄨㄞˋ。

Sīnde mài yíwànkuài cián, jiòude zhǐh mài liǎngciānkuài.

Xīnde mài yíwànkuài qián, jiùde zhǐ mài liǎngqiānkuài.

9. ㄨㄛˇ ㄅㄨˋㄓㄉㄠˋ ㄋㄟˋ˙ㄍㄜ ㄕˋ ㄅㄨˊ ㄕˋ ㄒㄧㄣ˙ㄉㄜ。

Wǒ bùzhīhdào nèige shìh búshìh sīnde.

Wǒ bùzhīdào nèige shì búshì xīnde.

10. ㄋㄟˋ˙ㄍㄜ ㄉㄚˋㄅㄧㄠˇ ㄓˇ ㄇㄞˋ ㄨˇㄅㄞˇㄎㄨㄞˋ ㄑㄧㄢˊ。

Nèige dàbiǎo zhǐh mài wǔbǎikuài cián.

Nèige dàbiǎo zhǐ mài wǔbǎikuài qián.

Ⅲ. Read the following numbers and write in Chinese.

1. 61,290

2. 935,807

3. 5,610,750

4. 47,090,000

5. 380,200,000

IV. Answer the following questions.

1. 那個學校有四千個男學生，三千八百個女學生，一共有多少學生？

2. 我們學校有五百位老師，一萬個學生。老師、學生一共有多少人？

3. 我有三百二十塊錢，他有兩百五十塊錢，我們一共有多少錢？

4. 新車一輛五千塊錢，舊車一輛兩千八百塊，新車一輛，舊車一輛，一共多少錢？

V. Cross out the unnecessary word（的 or noun）.

1. 他有兩個小的孩子。

2. 男的人都有大的錶嗎？

3. 我的好的朋友買新的電視機。

4. 他要新的筆，不要舊的筆。

5. 大的汽車好看，小的汽車不好看。

VI. Make sentences.

1. 覺得

2. 想

3. 只

4. 請問

5. 太 SV 了

VII. Translate the following expressions into Chinese.

1. Altogether I have over nine dollars.

2. His university has over eighty Chinese students.

3. I don't know if he's busy or not.

4. Don't you think his car is nice looking?

5. I asked him how much that watch was.

VIII. What would you say?

1. If you want to ask a friend what he thinks of this book, what would you say?

2. A clerk tells you the price of something, if you feel its too expensive

and want to ask if there is a cheaper one, what would you say?

3. What would you say if you want to know where some items were made?

第七課　你的法文念得真好聽

NEW CHARACTERS

Character & Pronunciation		Radical	Stroke Order							
念 ㄋㄧㄢ	niàn	心	ノ	人	今	今	念			
聽 ㄊㄧㄥ	tīng	耳	一	厂	丌	丌	丬	耳	耳	耳
			耳	耵	耵	聴	聴	聽		
在 ㄗㄞ	zài	土	一	ナ	才	在	在	在		
慢 ㄇㄢ	màn	忄(心)	丶	丨	忄	忄	忄	悍	悍	慢
			慢							
意 ㄧ	yì	心	亠	立	立	音	意			
思 ㄙ	sī	心	丶	冂	曰	田	田	思		
點 ㄉㄧㄢ	diǎn	黑	丶	冂	冋	回	四	甲	里	黑
			黑丨	點	點					
難 ㄋㄢ	nán	隹	艹	廿	苦	苦	莗	黄	菓	難
			鄴	難	難					
話 ㄏㄨㄚ	huà	言	言	訁	訁	許	話			
以 ㄧ	yǐ	人	丨	乚	以	以	以			

NEW CHARACTERS

Character & Pronunciation		Radical	Stroke Order								
教 ㄐㄠ	jiāo	攵 (攴)	十	土	夹	夬	孝	孝	孝	孝	教
			教								
現 ㄒㄧㄢ	xiàn	王 (玉)	一	二	干	王	玥	珇	玥	現	
說 ㄕㄨㄛ	shuō	言	言	言	訂	訷	訷	說			
能 ㄋㄥ	néng	月 (肉)	厶	厶	台	育	育	育	能	能	能
會 ㄏㄨㄟ	huì	日	入	仒	令	侖	侖	侖	會		
唱 ㄔㄤ	chàng	口	口	叩	明	唱	唱	唱			
歌 ㄍㄜ	gē	欠	一	哥	可	可	哥	哥	哥	歌	歌
吃 ㄔ	chī	口	口	叫	吃	吃					
飯 ㄈㄢ	fàn	食	丿	卢	与	今	今	育	食	飤	飯
			飯								
菜 ㄘㄞ	cài	艹 (艸)	艹	艹	芍	芏	苹	莁	苹	荦	菜
喝 ㄏㄜ	hē	口	口	吗	明	吗	喝	喝	喝		
酒 ㄐㄡ	jiǔ	氵 (水)	氵	汀	沪	沔	洒	酒	酒		

NEW CHARACTERS

Character & Pronunciation		Radical	Stroke Order								
寫 ㄒㄧㄝˇ	xiě	宀	宀	宀	宁	宁	守	审	冟	冟	寫
			寫								
做 ㄗㄨㄛˋ	zuò	亻(人)	亻	亻	什	佔	做	做	做	做	
事 ㄕˋ	shì	亅	一	戸	戸	写	写	事			
畫 ㄏㄨㄚˋ	huà	田	一	二	三	聿	聿	畫	書	書	畫
			畫								
快 ㄎㄨㄞˋ	kuài	忄(心)	忄	忄	忙	快	快				

Ⅰ. Please read the following sentences, and add tone marks above the characters.

1. 他很能念書，畫兒也畫得好，可是做事太慢。

2. 這些字有一點兒難寫，你現在可以教我嗎？

3. 我不唱歌兒，可是喜歡聽歌兒。

4. 他喜歡吃菜、喝酒，不喜歡做飯。

5. 他說話很快也很有意思。

Ⅱ. Transcribe the following sentences into Chinese characters.

1. ㄨㄛˇ ㄏㄨㄟˋ ㄕㄨㄛ ㄧ ㄉㄧㄢˇㄦ ㄓㄨㄥ ㄍㄨㄛˊ ㄏㄨㄚˋ。

Wǒ huèi shuō yìdiǎnr Jhōngguó huà.
Wǒ huì shuō yìdiǎn Zhōngguó huà.

2. ㄒㄧㄢˋ ㄗㄞˋ ㄅㄨˋ ㄎㄜˇ ㄧˇ ㄔㄤˋ ㄍㄜㄦ。

Siànzài bùkěyǐ chànggēr.
Xiànzài bùkěyǐ chànggēr.

3. ㄏㄨㄚˋ ㄓㄨㄥ ㄍㄨㄛˊ ㄏㄨㄚˋㄦ ㄋㄢˊ，ㄎㄜˇ ㄕˋ ㄏㄣˇ ㄧㄡˇ ㄧˋ ㄙ。

Huà Jhōngguó huàr nán, kěshìh hěn yǒuyìsih.
Huà Zhōngguó huàr nán, kěshì hěn yǒuyìsi.

4. ㄋㄧㄣˊ ㄋㄥˊ ㄐㄧㄠ ㄨㄛˇ ㄒㄧㄝˇ ㄓㄜˋ ㄒㄧㄝ ㄗˋ ㄇㄚ˙。

Nín néng jiāo wǒ siě jhèisiē zìh ma?
Nín néng jiāo wǒ xiě zhèixiē zì ma?

5. ㄊㄚ ㄋㄧㄢ ㄕㄨ , ㄧㄝ ㄗㄨㄛ ㄕ 。

Tā niànshū, yě zuòshìh.

Tā niànshū, yě zuòshì.

6. ㄨㄛ ㄅㄨ ㄏㄨㄟ ㄗㄨㄛ ㄓㄨㄥ ㄍㄨㄛ ㄘㄞ 。

Wǒ bú huèi zuò Jhōngguó cài.

Wǒ bú huì zuò Zhōngguó cài.

7. ㄈㄚ ㄍㄨㄛ ㄏㄨㄚ ㄏㄠ ㄊㄧㄥ , ㄈㄚ ㄍㄨㄛ ㄐㄧㄡ ㄧㄝ ㄏㄠ ㄏㄜ 。

Fǎguó huà hǎotīng, Fǎguó jiǒu yě hǎohē.

Fǎguó huà hǎotīng, Fǎguó jiǔ yě hǎohē.

8. ㄊㄚ ㄔ ㄈㄢ , ㄔ ㄉㄜ ㄓㄣ ㄇㄢ 。

Tā chīfàn, chīde jhēn màn.

Tā chīfàn, chīde zhēn màn.

9. ㄒㄧㄝ ㄓㄨㄥ ㄍㄨㄛ ㄗ ㄏㄣ ㄧㄡ ㄧ ㄙ 。

Xiě Jhōngguó zìh hěn yǒu yìsih.

Xiě Zhōngguó zì hěn yǒu yìsi.

10. ㄊㄚ ㄕㄨㄛ ㄏㄨㄚ ㄏㄣ ㄎㄨㄞ , ㄨㄛ ㄅㄨ ㄉㄡ ㄉㄨㄥ 。

Tā shuōhuà hěn kuài, wǒ bù dōu dǒng.

Tā shuōhuà hěn kuài, wǒ bù dōu dǒng.

Ⅲ. Fill in the blanks with 能 or 會 or 可以.

1. 中文老師要我們說中文,不_____說英文。

2. 他_____唱法文歌兒。

3. 我太累ㄟ (lèi),不_____做事。

4. 你_____喝多少酒?

5. 我想請你跳ㄊㄧㄠˋ舞ㄨˇ (tiàowǔ),_____嗎?

51

IV. Complete the following sentences, using "V 得（A）SV" pattern.

　　1. 我媽媽做飯，＿＿＿＿＿＿＿＿＿。

　　2. 老師說話，＿＿＿＿＿＿＿＿＿。

　　3. 他妹妹唱歌兒，＿＿＿＿＿＿＿＿＿。

　　4. 我的字，＿＿＿＿＿＿＿＿＿。

　　5. 王先生做事，＿＿＿＿＿＿＿＿＿。

V. Answer the following questions with 好 or 難 as adverbial prefixes.

　　1. 你寫中國字，寫得怎麼樣 (zěnmeyàng)？

　　2. 這本書，你覺得怎麼樣？

　　3. 你爸爸做飯，做得怎麼樣？

　　4. 這個酒怎麼樣？

　　5. 畫畫兒好學嗎？

VI. Make sentences.

　　1. 一點兒

　　2. 現在

　　3. 有意思

　　4. 在

5. 可以

VII. Translate the following sentences into Chinese.

1. He is teaching (right now).

2. I want to invite you to eat French food.

3. He likes to sing very much, but he doesn't like to work.

4. Mother said the children are not permitted to drink wine.

5. You read this character very correctly.

VIII. What would you say?

1. If you want to compliment someone on his English ability, what would you say?

2. If someone says you speak great Chinese, what would you say?

3. If someone asks about your Chinese ability, what would you say?

4. If someone asks you to teach him English, what would you say?

5. If someone invites you to drink wine, but you don't drink, what would you say?

第八課　這是我們新買的電視機

NEW CHARACTERS

Character & Pronunciation	Radical	Stroke Order								
常 ㄔㄤ cháng	巾	丷	丷	丷	丷	丷	尚	尚	常	常
最 ㄗㄨㄟ zuì	冂	日	旦	早	冐	冐	冐	冐	最	最
愛 ㄞ ài	心	一	爫	爫	爫	尬	忎	愛	愛	愛
跳 ㄊㄧㄠ tiào	足	口	卫	무	무	足	趴	趴	趴	跳
		跳	跳							
舞 ㄨ wǔ	舛	一	血	血	無	無	舞	舞	舞	舞
		舞								
錯 ㄘㄨㄛ cuò	金	𠆢	仁	仁	全	金	金	釒	釟	錯
穿 ㄔㄨㄢ chuān	穴	宀	宀	宀	空	空	穿	穿		
衣 ㄧ yī	衣	一	亠	衣	衣	衣				
服 ㄈㄨ fú	月	刀	月	月	朋	服	服			
外 ㄨㄞ wài	夕	丿	勹	夕	列	外				
定 ㄉㄧㄥ dìng	宀	宀	宀	宁	宇	定	定			
就 ㄐㄧㄡ jiù	尢	亠	古	亨	京	京	就	就	就	

NEW CHARACTERS

Character & Pronunciation	Radical	Stroke Order							
噢 ㄡˋ òu	口	ㄇ	ㄇ	叭	叺	响	响	唎	喇	喇
		嗅	噢							
為 ㄨㄟˊ wèi	爪	丶	ノ	为	为	為	為			
因 ㄧㄣ yīn	囗	㇑	ㄇ	冈	円	团	因			
所 ㄙㄨㄛˇ suǒ	戶	丶	㇒	户	户	戶	所	所	所	
母 ㄇㄨˇ mǔ	毋	ㄑ	口	母	母					
親 ㄑㄧㄣ qīn	見	丶	立	立	辛	亲	釨	紸	親	
父 ㄈㄨˋ fù	父	丶	八	少	父					
件 ㄐㄧㄢˋ jiàn	亻 (人)	亻	亻	仁	仁	件				
茶 ㄔㄚˊ chá	艹 (艸)	艹	艹	艾	荎	苯	茶			
水 ㄕㄨㄟˇ shuǐ	水	㇁	㇆	水	水					
容 ㄖㄨㄥˊ róng	宀	宀	宍	突	容					
易 ㄧˋ yì	日	日	戸	戸	易	易	易			

Ⅰ. Read the following sentences, and add tone marks above the characters.

1. 因為他常常跳舞，所以他說跳舞容易。

2. 你母親穿的這件衣服一定是外國貨。

3. 噢，我知道，那位就是王老師。

4. 聽說他父親的書法不錯。

5. 我最愛喝茶，不愛喝水。

Ⅱ. Transcribe the following sentences into Chinese characters.

1. ㄋㄧ ㄔㄨㄢ˙ㄉㄜ ㄓㄜˋㄐㄧㄢˋ ㄧ ㄈㄨˊ ㄓㄣ ㄏㄠˇㄎㄢˋ。

Nǐ chuānde jhèijiàn yīfú jhēn hǎokàn.

Nǐ chuānde zhèijiàn yīfú zhēn hǎokàn.

2. ㄋㄧ ㄔㄤˊ ㄏㄜ ㄕㄨㄟˇ ㄇㄚ˙。

Nǐ cháng hē shuěi ma?

Nǐ cháng hē shuǐ ma?

3. ㄧㄣ ㄨㄟˋ ㄊㄚ˙ㄉㄜ ㄨㄞˋㄨㄣˊ ㄅㄨˊㄘㄨㄛˋ，ㄙㄨㄛˇㄧˇ ㄊㄚ ㄧㄡˇ ㄏㄣˇ ㄉㄨㄛ ㄨㄞˋㄍㄨㄛˊ ㄆㄥˊㄧㄡˇ。

Yīnwèi tāde wàiwún búcuò, suǒyǐ tā yǒu hěn duō wàiguó péngyǒu.

Yīnwèi tāde wàiwén búcuò, suǒyǐ tā yǒu hěn duō wàiguó péngyǒu.

4. ㄊㄚ ㄈㄨˋㄑㄧㄣ ㄓˇ ㄞˋ ㄏㄜ ㄔㄚˊ。

Tā fùcīn zhǐh ài hē chá.

Tā fùqīn zhǐ ài hē chá.

5. ㄏㄠˇㄊㄧㄥㄉㄜˊㄍㄜㄦㄅㄨˊㄧˊㄉㄧㄥˋㄖㄨㄥˊㄧˋㄔㄤˋ。

   Hǎotīngde gēr bùyídìng róngyì chàng.

   Hǎotīngde gēr bùyídìng róngyì chàng.

6. ㄊㄚㄨㄟˋㄕㄣˊㄇㄜㄅㄨˊㄞˋㄊㄧㄠˋㄨˇ。

   Tā wèishénme bú ài tiàowǔ?

   Tā wèishénme bú ài tiàowǔ?

7. ㄡˋ，ㄋㄧㄣˊㄐㄧㄡˋㄕˋㄌㄧˇㄒㄧㄢㄕㄥㄚ。

   Òu, nín jiòushìh Lǐ Siānshēng a?

   Òu, nín jiùshì Lǐ Xiānshēng a?

8. ㄨㄛˇㄐㄩㄝˊㄉㄜㄋㄧˇㄔㄨㄢㄉㄜㄓㄜˋㄐㄧㄢˋㄧㄈㄨˊㄅㄨˊㄘㄨㄛˋ。

   Wǒ juéde nǐ chuānde jhèijiàn yīfú búcuò.

   Wǒ juéde nǐ chuānde zhèijiàn yīfú búcuò.

9. ㄇㄨˇㄑㄧㄣㄗㄨㄛˋㄉㄜㄈㄢˋㄗㄨㄟˋㄏㄠˇㄔ。

   Mǔcīn zuòde fàn zuèi hǎochī.

   Mǔqīn zuòde fàn zuì hǎochī.

10. ㄊㄧㄥㄕㄨㄛㄗㄨㄛˋㄕㄥㄧˋㄅㄨˋㄖㄨㄥˊㄧˋ。

   Tīngshuō zuò shēngyì bùróngyì.

   Tīngshuō zuò shēngyì bùróngyì.

III. Complete the following sentences with "(AV) VO 的 N" and "S V 的 N"

   a. (AV) VO 的 N

   1.＿＿＿＿＿＿＿＿＿＿＿＿＿＿＿＿＿不多。

   2.＿＿＿＿＿＿＿＿＿＿＿＿＿＿＿＿＿都有錢。

   3.＿＿＿＿＿＿＿＿＿＿＿＿＿＿＿＿＿很少。

4._____是好先生。

5._____也喜歡跳舞嗎？

b. S V 的 N

1._____都不錯嗎？

2._____是舊的。

3._____很便宜。

4._____不太有名。

5._____真好聽。

IV. Change the first clause into a noun clause, and make any other changes necessary.

1. 那位先生會說英文，他是我朋友。

2. 他買一些筆，那些筆都不貴。

3. 那位小姐愛唱歌兒，他也愛畫畫兒。

4. 我妹妹穿一件新衣服，那件新衣服是我的。

V. Make sentences.

1. 聽說

2. 一定

3. 因為……所以

4. 常常

5. 容易

VI. Translate the following phrases or sentences into Chinese.

1. What my father said

2. That car he bought is very expensive.

3. What's the name of that newspaper seller?

4. That businessman likes to drink.

5. Mrs. Li has only one child.

6. I like the camera which you bought.

VII. What would you say?

1. If someone asks why you study Chinese, what would you say?

2. If someone asks, "Who is xxx?" and xxx is you, what would you say?

第九課　你們學校在哪裡？

NEW CHARACTERS

Character & Pronunciation		Radical	Stroke Order								
裡 ㄌㄧˇ	lǐ	衣	丶	亠	衤	衤	衤	衻	衻	衻	袒
			袒	裡	裡						
路 ㄌㄨˋ	lù	足	口	卩	卩	卩	足	趵	趵	跋	路
圖 ㄊㄨˊ	tú	囗	冂	冂	門	罔	圕	圖	圖	圖	
館 ㄍㄨㄢˇ	guǎn	食	人	卜	仐	今	食	食	飣	飣	飦
			館								
後 ㄏㄡˋ	hòu	彳	彳	彳	徍	徍	移	後	後		
面 ㄇㄧㄢˋ	miàn	面	一	丆	丙	而	而	而	面	面	
樓 ㄌㄡˊ	lóu	木	木	朳	柙	相	槽	樓	樓		
附 ㄈㄨˋ	fù	阝(阜)	乛	孒	阝	阩	阼	附	附		
近 ㄐㄧㄣˋ	jìn	辶(辵)	一	厂	斤	斤	近	近	近	近	
店 ㄉㄧㄢˋ	diàn	广	丶	广	广	庁	店				
方 ㄈㄤ	fāng	方	丶	亠	方	方					
房 ㄈㄤˊ	fáng	戶	丶	乛	戸	戶	戶	房	房	房	

NEW CHARACTERS

Character & Pronunciation	Radical	Stroke Order								
客 ㄎㄜˋ kè	宀	宀	宀	岁	突	客				
廳 ㄊㄧㄥ tīng	广	广	疒	肀	肩	肩	庽	庿	廳	廳
		廳								
邊 ㄅㄧㄢ biān	辵(辶)	'	白	鳥	臬	臱	臱	臱	邊	邊
		邊								
旁 ㄆㄤˊ páng	方	亠	丷	立	立	峃	旁	旁		
間 ㄐㄧㄢ jiān	門	丨	丨	門	門	門	門	門	間	
屋 ㄨ wū	尸	ㄱ	ㄇ	尸	尸	层	层	居	屋	屋
離 ㄌㄧˊ lí	隹	亠	亠	玄	卤	卤	峝	离	离	离
		离	離							
遠 ㄩㄢˇ yuǎn	辵(辶)	一	十	土	吉	声	袁	袁	遠	
地 ㄉㄧˋ dì	土	土	圤	扣	地	地				
下 ㄒㄧㄚˋ xià	一	一	丁	下						
桌 ㄓㄨㄛ zhuō	木	'	卜	占	卓	卓	桌			

NEW CHARACTERS

Character & Pronunciation	Radical	Stroke Order								
椅 ㄧˇ yǐ	木	木	扌	柠	栫	梏	椅			
底 ㄉㄧˇ dǐ	广	广	广	庀	庐	底	底			
前 ㄑㄧㄢˊ qián	刂 (刀)	⺍	⺌	亍	肖	前	前			
商 ㄕㄤ shāng	一	亠	产	产	丙	商				

63

I. Read the following sentences, and add tone marks above the characters.

1. 客廳在樓下，後面就是飯廳。

2. 你們學校的圖書館在什麼地方？

3. 那家商店就在附近，離這所房子不遠。

4. 孩子的椅子在那間屋子裡的桌子底下。

5. 我的汽車就在前面路旁邊。

II. Transcribe the following sentences into Chinese characters.

1. ㄊㄨˊㄕㄨㄍㄨㄢˇㄌㄧˊㄓㄜ儿ˋㄅㄨˊㄊㄞˋㄩㄢˇ。

   Túshūguǎn lí jhèr bú tài yuǎn.

   Túshūguǎn lí zhèr bú tài yuǎn.

2. ㄊㄚㄐㄧㄚㄗㄞˋㄋㄟˋㄍㄜㄉㄚˋㄌㄡˊㄏㄡˋㄇㄧㄢˋ。

   Tā jiā zài nèige dàlóu hòumiàn.

   Tā jiā zài nèige dàlóu hòumiàn.

3. ㄒㄩㄝˊㄒㄧㄠˋㄈㄨˋㄐㄧㄣˋㄧㄡˇㄏㄣˇㄉㄨㄛㄕㄤㄉㄧㄢˋ。

   Syuéxiào fùjìn yǒu hěn duō shāngdiàn.

   Xuéxiào fùjìn yǒu hěn duō shāngdiàn.

4. ㄏㄞˊㄗˋㄗㄞˋㄈㄢˋㄊㄧㄥㄉㄜㄓㄨㄛㄗˋㄉㄧˇㄒㄧㄚˋㄗㄨㄛˋㄕㄣˊㄇㄜ？

   Háizih zài fàntīngde jhuōzih dǐsià zuò shénme?

   Háizi zài fàntīngde zhuōzi dǐxià zuò shénme?

5. ㄨㄛˇ ㄔㄤˊ ㄗㄞˋ ㄑㄧㄢˊㄇㄧㄢˋㄉㄜ ㄈㄢˋㄍㄨㄢˇㄦ ㄔ ㄈㄢˋ。

   Wǒ cháng zài ciánmiànde fànguǎnr chīfàn.

   Wǒ cháng zài qiánmiànde fànguǎnr chīfàn.

6. ㄋㄟˋㄍㄜ ㄉㄧˋㄈㄤ ㄌㄧˊ ㄓㄜˋㄦ ㄏㄣˇ ㄐㄧㄣˋ ㄏㄣˇ ㄈㄤ ㄅㄧㄢˋ。

   Nèige dìfāng lí jhèr hěn jìn hěn fāngbiàn.

   Nèige dìfāng lí zhèr hěn jìn hěn fāngbiàn.

7. ㄋㄟˋㄙㄨㄛˇ ㄈㄤˊㄗ，ㄌㄡˊㄕㄤˋ ㄌㄡˊㄒㄧㄚˋ ㄧˋㄍㄨㄥˋ ㄧㄡˇ ㄑㄧ ㄐㄧㄢ ㄨ ㄗ。

   Nèisuǒ fángzih, lóushàng lóusià yígòng yǒu cījiān wūzih.

   Nèisuǒ fángzi, lóushàng lóuxià yígòng yǒu qījiān wūzi.

8. ㄎㄜˋㄊㄧㄥ ㄉㄜ ㄓㄨㄛ ㄗ ㄧˇ ㄗ ㄉㄡ ㄕˋ ㄒㄧㄣ ㄉㄜ。

   Kètīngde jhuōzih yǐzih dōu shìh sīnde.

   Kètīngde zhuōzi yǐzi dōu shì xīnde.

9. ㄋㄧˇㄇㄣ ㄒㄩㄝˊㄒㄧㄠˋ ㄗㄞˋ ㄕㄣˊㄇㄜ ㄌㄨˋ？

   Nǐmen syuésiào zài shénme lù?

   Nǐmen xuéxiào zài shénme lù?

10. ㄨㄛˇ ㄐㄧㄚ ㄐㄧㄡˋ ㄗㄞˋ ㄒㄩㄝˊㄒㄧㄠˋ ㄆㄤˊㄅㄧㄢ。

    Wǒ jiā jiòu zài syuésiào pángbiān.

    Wǒ jiā jiù zài xuéxiào pángbiān.

Ⅲ. Rearrange the following words into grammatical Chinese.

1. 沒有飯館附近我家。

2. 他們說話在屋子裡呢。

3. 是誰的這個杯子桌子上的？

4. 有幾個人一共你家？

5. 這兒不在我東西他的。

IV. Answer the following questions.

1. 學校附近有商店嗎？

2. 他父母在哪兒？

3. 誰在那個書房裡面？

4. 你在哪兒學書法？

5. 哪兒有圖書館？

6. 椅子底下有幾隻ㄓ(zhīh / zhī) 狗？

V. Translate the following sentences into Chinese.

1. My home is really far from school.

2. There is nothing under the table.

3. Where do you often eat?

4. Are my clothes at you place?

5. All the people in front of the big building are students.

VI. What would you say?

1. If you don't know where restroom（洗工手ᵋ間ᵋ sǐshǒujiān / xǐshǒujiān） is, how would you ask?

2. If you want to know where to buy tickets（票& piào）, how would you ask?

3. While buying something you can't quickly decide if you want to buy it, what would you say?

4. If you want to go somewhere, but don't know the distance, what would you say?

第十課　我到日本去了

NEW CHARACTERS

Character & Pronunciation		Radical	Stroke Order								
到 ㄉㄠˋ	dào	刂 (刀)	一	乙	云	云	至	至	到	到	
玩 ㄨㄢˊ	wán	王 (玉)	一	二	干	王	玗	玗	玩		
跟 ㄍㄣ	gēn	足	口	甲	足	足	跙	跟	跟	跟	
怎 ㄗㄣˇ	zěn	心	丿	亻	乍	乍	怎				
坐 ㄗㄨㄛˋ	zuò	土	人	从	丛	坐	坐				
飛 ㄈㄟ	fēi	飛	乀	飞	飞	飞	飛	飛	飛		
船 ㄔㄨㄢˊ	chuán	舟	丿	丿	力	舟	舟	舟	舟	船	船
票 ㄆㄧㄠˋ	piào	示	一	冂	西	西	西	覀	票	票	
樣 ㄧㄤˋ	yàng	木	木	杧	栏	样	样	样	樣	樣	樣
			樣								
時 ㄕˊ	shí	日	日	旷	旷	時	時				
候 ㄏㄡˋ	hòu	亻 (人)	亻	亻	伫	伫	俨	俨	候	候	
回 ㄏㄨㄟˊ	huí	口	口	冂	回	回					
來 ㄌㄞˊ	lái	人	一	厂	巫	來	來				

NEW CHARACTERS

Character & Pronunciation		Radical	Stroke Order							
昨 ㄗㄨㄛˊ	zuó	日	日	旷	昨	昨	昨			
晚 ㄨㄢˇ	wǎn	日	日	旷	昤	昤	晗	晚	晚	
累 ㄌㄟˋ	lèi	糸	冂	田	田	罗	界	累		
走 ㄗㄡˇ	zǒu	走	一	十	土	キ	キ	走	走	
開 ㄎㄞ	kāi	門	冂	尸	門	門	門	開		
停 ㄊㄧㄥˊ	tíng	亻 (人)	亻	广	佇	停	停	停		
從 ㄘㄨㄥˊ	cóng	彳	彳	彳	伋	従	従	從		
午 ㄨˇ	wǔ	十	丿	仁	二	午				
火 ㄏㄨㄛˇ	huǒ	火	丶	丷	少	火				
公 ㄍㄨㄥ	gōng	八	丿	八	公	公				
明 ㄇㄧㄥˊ	míng	日	日	明	明	明				
已 ㄧˇ	yǐ	己	乛	己	已					
經 ㄐㄧㄥ	jīng	糸	幺	糸	紅	紅	經	經	經	經
今 ㄐㄧㄣ	jīn	人	人	仒	今					

Ⅰ. Read the following sentences, and add tone marks above the characters.

1. 他今天早上跟朋友坐飛機到日本去了。

2. 你為什麼走路去？公共汽車票不貴。

3. 聽說他已經坐船從英國回來了，玩兒得怎麼樣？

4. 我是昨天晚上坐火車來的，你是什麼時候來的？

5. 明天下午我不想開車去，開車太累，停車的地方也不好找。

Ⅱ. Transcribe the following sentences into Chinese characters.

1. ㄐㄧㄣㄊㄧㄢ ㄋㄧ ㄕ ㄗㄨㄛ ㄍㄨㄥㄍㄨㄥㄘㄜ ㄌㄞ˙ㄉㄜ ㄇㄚ？

Jīntiān nǐ shìh zuò gōnggòngcìchē láide ma?

Jīntiān nǐ shì zuò gōnggòngqìchē láide ma?

2. ㄗㄨㄛ ㄊㄧㄢ ㄋㄧ ㄍㄣ ㄊㄚ ㄇㄣ ㄦ ㄉㄜ ㄗㄣ˙ㄇㄜ ㄧㄤ？

Zuótiān nǐ gēn tāmen wánrde zěnmeyàng?

Zuótiān nǐ gēn tāmen wánrde zěnmeyàng?

3. ㄨㄛ ㄏㄞ ㄇㄟ ㄔ ㄨㄢ ㄈㄢ ㄋㄜ。

Wǒ hái méi chīh wǎnfàn ne.

Wǒ hái méi chī wǎnfàn ne.

4. ㄋㄧ ㄗㄨㄛ ㄈㄟㄐㄧ ㄏㄞ ㄕ ㄗㄨㄛ ㄔㄨㄢ ㄉㄠ ㄖ ㄅㄣ ㄑㄩ？

Nǐ zuò fēijī háishìh zuò chuán dào Rìhběn cù?

Nǐ zuò fēijī háishì zuò chuán dào Rìběn qù?

71

5. ㄷㄟㄐㄧㄆㄧㄠㄊㄞㄍㄨㄟ，ㄨㄛㄎㄞㄔㄜㄘㄨ。

   Fēijī piào tài guì, wǒ kāichē cù.

   Fēijī piào tài guì, wǒ kāichē qù.

6. ㄊㄚㄧㄐㄧㄥㄘㄨㄥㄓㄨㄥㄍㄨㄛㄏㄨㄟㄌㄞㄌㄜ。

   Tā yǐjīng cóng Jhōngguó huíláile.

   Tā yǐjīng cóng Zhōngguó huíláile.

7. ㄋㄧㄇㄣㄗㄣㄇㄜㄘㄨ，ㄗㄡㄌㄨㄘㄨㄇㄚ？

   Nǐmen zěnme cù? Zǒulù cù ma?

   Nǐmen zěnme qù? Zǒulù qù ma?

8. ㄓㄜㄌㄧㄅㄨㄎㄜㄧㄊㄧㄥㄔㄜ。

   Jhèlǐ bùkěyǐ tíngchē.

   Zhèlǐ bùkěyǐ tíngchē.

9. ㄊㄚㄇㄣㄇㄧㄥㄊㄧㄢㄒㄧㄚㄨㄧㄠㄉㄠㄨㄛㄓㄜㄦㄌㄞㄨㄢㄦ。

   Tāmen míngtiān siàwǔ yào dào wǒ jhèr lái wánr.

   Tāmen míngtiān xiàwǔ yào dào wǒ zhèr lái wánr.

10. ㄨㄛㄧㄡㄉㄜㄕㄏㄡㄐㄩㄝㄉㄜㄏㄣㄌㄟ。

    Wǒ yǒude shíhhòu jyuéde hěn lèi.

    Wǒ yǒude shíhòu juéde hěn lèi.

III. Fill in the blanks with the appropriate characters.

1. 他＿＿＿＿＿＿船＿＿＿＿＿＿美國＿＿＿＿＿＿。

2. 張小姐是昨天＿＿＿＿＿＿我家吃飯的。

3. 我＿＿＿＿＿＿圖書館＿＿＿＿＿＿書店＿＿＿＿＿＿。

4. 他要＿＿＿＿＿＿中國＿＿＿＿＿＿學中文。

Ⅳ. Change the following sentences into 是……的 pattern.

　1. 他昨天晚上來了。

　2. 李太太走路到學校去了。

　3. 王先生從日本回來了。

　4. 我今天早上在圖書館看書了。

　5. 張小姐坐公車去他家了。

Ⅴ. Correct errors, if any.

　1. 明天他沒到書店去。

　2. 你是從哪兒來了？

　3. 張先生還沒來了。

　4. 我昨天到學校沒有去。

　5. 李小姐昨天不教書了。

Ⅵ. Translate the following sentences into Chinese.

　1. He hasn't gone to school yet.

　2. My older brother has already returned from Japan by airplane.

　3. How did Mr. Wang come to the restaurant?

4. Who did he go to see movie with last night?

5. I didn't study Chinese there, I studied here.

VII. What would you say?

1. If you bump into a friend on the street and want to know where he is going, what do you ask?

2. If you hear someone has gone on a trip, when he comes back, what do you ask him?

3. What should you ask if you want to know if he went alone and what mode of transportation he used?

4. You want to know when he returned, what do you ask?

第十一課　你幾點鐘下課？

NEW CHARACTERS

Character & Pronunciation		Radical	Stroke Order								
鐘	ㄓㄨㄥ zhōng	金	𠆢	亽	牟	金	金	鈩	鈩	鈩	鐥
			鐥	鐘	鐘						
頭	ㄊㄡˊ tóu	頁	一	口	豆	豆	豆	頭	頭	頭	
起	ㄑㄧˇ qǐ	走	土	キ	走	走	起	起	起		
刻	ㄎㄜˋ kè	刂(刀)	亠	亥	亥	亥	亥	刻			
馬	ㄇㄚˇ mǎ	馬	丨	匚	馬	馬	馬				
門	ㄇㄣˊ mén	門	卩	𨸏	門	門					
口	ㄎㄡˇ kǒu	口	丨	冂	口						
等	ㄉㄥˇ děng	竹	𥫗	筀	竿	等	等				
吧	ㄅㄚ ba	口	口	叮	叭	叭	吧				
過	ㄍㄨㄛˋ guò	辶(辵)	冂	冎	咼	咼	咼	咼	過		
床	ㄔㄨㄤˊ chuáng	广	丶	亠	广	广	庁	床	床		
差	ㄔㄚˋ chà	工	丷	䒑	羊	羊	羊	差	差	差	
站	ㄓㄢˋ zhàn	立	亠	立	立	站	站	站			

75

NEW CHARACTERS

Character & Pronunciation		Radical	Stroke Order							
題 ㄊㄧˊ	tí	頁	日	旦	早	是	是	題	題	
每 ㄇㄟˇ	měi	毋	ノ	㇗	亡	勺	每	每		
司 ㄙ	sī	口	丿	㇆	司					
班 ㄅㄢ	bān	王 (玉)	二	王	王	玎	珏	班		
休 ㄒㄧㄡ	xiū	亻 (人)	亻	仁	什	休				
息 ㄒㄧˊ	xí	心	ノ	自	白	自	自	息		
別 ㄅㄧㄝˊ	bié	刂 (刀)	口	另	另	別	別			
睡 ㄕㄨㄟˋ	shuì	目	目	旷	旷	睡	睡	睡	睡	
夜 ㄧㄝˋ	yè	夕	亠	广	疒	夜	夜	夜		

I. Read the following sentences, and add tone marks above the characters.

1. 我每天夜裡差不多睡六個鐘頭的覺。

2. 他在床上休息呢，我們等一會兒吧。

3. 現在差一刻三點，我們三點過五分去車站。

4. 我五點半下了班，在公司門口等你。

5. 沒問題，我跟別人先去買票。

II. Transcribe the following sentences into Chinese characters.

1. ㄋㄧㄣ ㄍㄨㄥ ㄙ ㄐㄧ ㄉㄧㄢ ㄓㄨㄥ ㄒㄧㄚ ㄅㄢ ?

   Nǐmen gōngsīh jǐdiǎn jhōng siàbān?

   Nǐmen gōngsī jǐdiǎn zhōng xiàbān?

2. ㄇㄟ ㄨㄣ ㄊㄧ ，ㄨㄛ ㄎㄞ ㄔㄜ ㄎㄞ ㄉㄜ ㄏㄣ ㄏㄠ 。

   Méi wùntí, wǒ kāichē kāide hěn hǎo.

   Méi wèntí, wǒ kāichē kāide hěn hǎo.

3. ㄨㄛ ㄇㄟ ㄊㄧㄢ ㄕㄨㄟ ㄅㄚ ㄍㄜ ㄓㄨㄥ ㄊㄡ ㄉㄜ ㄐㄧㄠ 。

   Wǒ měitiān shuèi bāge-jhōngtóu-de jiào.

   Wǒ měitiān shuì bāge-zhōngtóu-de jiào.

4. ㄊㄚ ㄍㄣ ㄅㄧㄝ ㄖㄣ ㄧ ㄑㄧ ㄑㄩ ㄎㄢ ㄉㄧㄢ ㄧㄥ ㄌㄜ 。

   Tā gēn biérén yìcǐ cù kàn diànyǐng le.

   Tā gēn biérén yìqǐ qù kàn diànyǐng le.

5. ㄨㄛ˙ㄗㄞˋㄈㄤˊㄐㄧㄢ ㄇㄣˊㄎㄡˇㄉㄥˇㄊㄚ˙ㄅㄚ 。

   Wǒmen zài fángjiān ménkǒu děng tā ba.

   Wǒmen zài fángjiān ménkǒu děng tā ba.

6. ㄒㄧㄢˋㄗㄞˋㄔㄚˋㄧˊㄎㄜˋㄐㄧㄡˇㄉㄧㄢˇ, ㄨㄛˇㄇㄚˇㄕㄤˋㄐㄧㄡˋㄑㄩˋ 。

   Siànzài chà yíkè jiǒudiǎn, wǒ mǎshàng jiòu cù.

   Xiànzài chà yíkè jiǔdiǎn, wǒ mǎshàng jiù qù.

7. ㄋㄧˇㄊㄞˋㄌㄟˋ˙ㄌㄜ, ㄒㄧㄡ ㄒㄧˊㄧˋㄏㄨㄟˇㄦ˙ㄅㄚ 。

   Nǐ tài lèi le, siōusí yìhuěir ba.

   Nǐ tài lèi le, xiūxí yìhuǐr ba.

8. ㄗㄨㄛˊㄊㄧㄢ ㄧㄝˋㄌㄧˇㄨㄛˇㄕㄨㄟˋ˙ㄉㄜㄅㄨˊㄊㄞˋㄏㄠˇ 。

   Zuótiān yèlǐ wǒ shuèide bú tài hǎo.

   Zuótiān yèlǐ wǒ shuìde bú tài hǎo.

9. ㄨㄛˇㄇㄟˇㄊㄧㄢ ㄌㄧㄡˋㄉㄧㄢˇㄅㄢˋㄑㄧˇㄔㄨㄤˊ 。

   Wǒ měitiān liòudiǎn-bàn cǐchuáng.

   Wǒ měitiān liùdiǎn-bàn qǐchuáng.

10. ㄊㄚ ㄕˊㄦˋㄉㄧㄢˇㄍㄨㄛˋㄨˇㄈㄣ ㄒㄧㄚˋㄎㄜˋ 。

    Tā shíhèrdiǎn guò wǔfēn siàkè.

    Tā shíèrdiǎn guò wǔfēn xiàkè.

Ⅲ. Answer the following questions using the time given.

1. 你幾點鐘上課？(8:05)

2. 你今天什麼時候回家？(5:15)

3. 你晚上幾點鐘睡覺？(10:30)

4. 你每天看多少時候的書？(3.5 hrs)

5. 你每天睡覺，睡幾個鐘頭？(7 hrs)

IV. Write down your everyday schedule.

V. Transform the following sentences into "S V O, V Time Spent."

1. 我看兩個鐘頭的電視。

2. 你每天教多少時候的書？

3. 他明天要坐一個半鐘頭的飛機。

4. 我要寫半個鐘頭的字。

5. 我每天上五十分鐘的課。

VI. Complete the following sentences.

1. 那個孩子下了課，就_____。

2. 我媽媽_____，就回家。

3. 他每天吃了晚飯，就_____。

4. 我昨天下了班，就_____。

79

5. 她＿＿＿＿＿，就睡覺了。

VII. Translate the following sentences into Chinese.

1. Please wait for me at the entrance of the school.

2. It is now about seven o'clock.

3. He studies about two and a half hours a day.

4. No problem, we can go together.

5. Some of us relax at home, others go to work.

VIII. What would you say?

1. If you want to know "What time is it?", what would you say?

2. If you want to know your friend's class schedule, what questions do you ask him?

第十二課　我到外國去了八個多月

NEW CHARACTERS

Character & Pronunciation	Radical	Stroke Order						
月 ㄩㄝˋ yuè	月	丿	刀	月	月			
歐 ㄡ ōu	欠	一	匸	叵	臣	區	區	歐
洲 ㄓㄡ zhōu	氵(水)	丶	冫	氵	汈	洲	洲	
年 ㄋㄧㄢˊ nián	干	丿	仁	仨	年	年		
旅 ㄌㄩˇ lǚ	方	方	扩	扩	旅	旅	旅	
行 ㄒㄧㄥˊ xíng	行	彳	行	行				
冬 ㄉㄨㄥ dōng	冬	丿	夂	夂	冬	冬		
春 ㄔㄨㄣ chūn	日	三	丰	夫	春			
雨 ㄩˇ yǔ	雨	一	冂	币	雨	雨		
應 ㄧㄥ yīng	心	广	疒	府	雁	應		
該 ㄍㄞ gāi	言	言	訁	訁	該	該	該	
夏 ㄒㄧㄚˋ xià	夕	一	一	百	夏			
星 ㄒㄧㄥ xīng	日	日	旦	旦	晃	星		
期 ㄑㄧ qí	月	一	甘	甚	其	其	期	

NEW CHARACTERS

Character & Pronunciation		Radical	Stroke Order							
剛 ㄍㄤ	gāng	刂 (刀)	冂	冈	冈	冈	冈	岡	剛	
考 ㄎㄠ	kǎo	老	土	耂	考	考				
試 ㄕ	shì	言	言	訂	試	試	試			
辦 ㄅㄢ	bàn	辛	丷	立	立	辛	剃	勃	辦	
著 ㄓㄠ	zhāo	艹 (竹)	艹	芏	芏	著	著			
急 ㄐㄧ	jí	心	⺈	⺈	刍	刍	刍	急		
秋 ㄑㄧㄡ	qiū	禾	禾	禾	秋	秋				
季 ㄐㄧ	jì	子	禾	禾	季	季	季			
節 ㄐㄧㄝ	jié	竹 (竹)	竹	竿	節	節	節	節		
風 ㄈㄥ	fēng	風	丿	几	凡	同	風	風	風	
景 ㄐㄧㄥ	jǐng	日	日	旦	景	景				
號 ㄏㄠ	hào	虍	口	口	号	号	号	號	號	
輛 ㄌㄤ	liàng	車	車	車	斬	輛	輛			
住 ㄓㄨ	zhù	亻 (人)	亻	仁	仁	住	住			

I. Read the following sentences, and add tone marks above the characters.

1. 今年春天雨下得太多了，怎麼辦？

2. 冬天太冷，夏天太熱，秋天是風景最好的季節。

3. 我聽說他剛從歐洲旅行回來。

4. 我們十二月十號星期一考試。

5. 別著急，那輛新車應該沒問題。

II. Transcribe the following sentences into Chinese characters.

1. ㄒㄧㄚˋ ㄒㄧㄥ ㄑㄧˊ ㄨˇ ㄕˋ ㄐㄧˇ ㄩㄝˋ ㄐㄧˇ ㄏㄠˋ ?
   Sià sīngcíwǔ shìh jǐ yuè jǐ hào?
   Xià xīngqíwǔ shì jǐ yuè jǐ hào?

2. ㄇㄟˇ ㄋㄧㄢˊ ㄒㄧㄚˋ ㄊㄧㄢ ㄉㄠˋ ㄡ ㄓㄡ ㄑㄩˋ ㄌㄩˇ ㄒㄧㄥˊ ㄉㄜ ㄖㄣˊ ㄗㄨㄟˋ ㄉㄨㄛ 。
   Měi nián siàtiān dào Ōujhōu cù lyǔsíng de rén zuèi duō.
   Měi nián xiàtiān dào Ōuzhōu qù lǚxíng de rén zuì duō.

3. ㄉㄨㄥ ㄊㄧㄢ ㄊㄞˋ ㄌㄥˇ , ㄋㄧˇ ㄧㄥ ㄍㄞ ㄔㄨㄣ ㄊㄧㄢ ㄑㄩˋ 。
   Dōngtiān tài lěng, nǐ yīnggāi chūntiān cù.
   Dōngtiān tài lěng, nǐ yīnggāi chūntiān qù.

4. ㄇㄧㄥˊ ㄊㄧㄢ ㄧㄠˋ ㄎㄠˇ ㄕˋ , ㄙㄨㄛˇ ㄧˇ ㄊㄚ ㄏㄣˇ ㄓㄠ ㄐㄧˊ 。
   Míngtiān yào kǎoshìh, suǒyǐ tā hěn jhāojí.
   Míngtiān yào kǎoshì, suǒyǐ tā hěn zhāojí.

5. ㄑㄧㄡㄊㄧㄢ ㄕˋ ㄨㄛˇ ㄗㄨㄟˋ ㄒㄧˇㄏㄨㄢ ㄉㄜ ㄐㄧˋㄐㄧㄝˊ。

    Ciōutiān shìh wǒ zuèi sǐhuān de jìjié.

    Qiūtiān shì wǒ zuì xǐhuān de jìjié.

6. ㄓㄜˋㄌㄧㄤˋ ㄘˋㄔㄜ ㄕˋ ㄨㄛˇ ㄍㄤ ㄇㄞˇ ㄉㄜ。

    Jhèiliàng cìchē shìh wǒ gāng mǎi de.

    Zhèiliàng qìchē shì wǒ gāng mǎi de.

7. ㄋㄚˋ ㄦ ㄉㄜ ㄔㄨㄣㄊㄧㄢ ㄈㄥㄐㄧㄥˇ ㄗㄨㄟˋ ㄇㄟˇ，ㄧㄝˇ ㄅㄨˋㄔㄤˊ ㄒㄧㄚˋㄩˇ。

    Nàr de chūntiān fēngjǐng zuèi měi, yě bùcháng siàyǔ.

    Nàr de chūntiān fēngjǐng zuì měi, yě bùcháng xiàyǔ.

8. ㄒㄧㄚˋ ㄒㄧㄥ ㄘˊ ㄧㄠˋ ㄎㄠˇㄕˋ，ㄒㄧㄢˋㄗㄞˋ ㄨㄛˇ ㄧㄥㄍㄞ ㄘㄨˋ ㄊㄨˊㄕㄨㄍㄨㄢˇ。

    Sià sīngcí yào kǎoshìh, siànzài wǒ yīnggāi cù túshūguǎn.

    Xià xīngqí yào kǎoshì, xiànzài wǒ yīnggāi qù túshūguǎn.

9. ㄨㄛˇ ㄒㄧˇㄏㄨㄢ ㄌㄩˇㄒㄧㄥˊ，ㄎㄜˇㄕˋ ㄇㄟˊㄧㄡˇ ㄑㄧㄢˊ，ㄗㄣˇㄇㄜㄅㄢˋ？

    Wǒ sǐhuān lyǔsíng, kěshìh méiyǒu cián, zěnmebàn?

    Wǒ xǐhuān lǚxíng, kěshì méiyǒu qián, zěnmebàn?

10. ㄋㄧˇ ㄗㄞˋ ㄡㄓㄡ ㄓㄨˋㄌㄜ ㄐㄧˇㄋㄧㄢˊ？

    Nǐ zài Ōujhōu jhùle jǐnián?

    Nǐ zài Ōuzhōu zhùle jǐnián?

Ⅲ. Describe the weather of the area in which you live.

IV. Answer the following questions.

　　1. 你是哪年上大學的？

　　2. 你們什麼時候考試？

　　3. 你星期幾上中文課？

　　4. 你喜歡幾月去旅行？

　　5. 你們是上星期幾去看電影的？

V. Complete the following sentences.

　　1. 我寫了五十個中國字了，還＿＿＿＿＿＿＿＿＿＿＿。

　　2. 他喝了四杯酒了，還＿＿＿＿＿＿＿＿＿＿＿。

　　3. 我已經去了三個地方了，還＿＿＿＿＿＿＿＿＿＿。

　　4. 我問了兩個人了，還＿＿＿＿＿＿＿＿＿＿＿。

　　5. 我們唱了十分鐘了，還＿＿＿＿＿＿＿＿＿＿。

VI. Transform the following sentences into "S V 了 Time Spent 的 O（了）" pattern.

　　1. 我畫畫兒，畫了兩天了。

　　2. 他學中文，學了一年。

　　3. 他們買東西，買了半個鐘頭了。

　　4. 爸爸開車，開了十年了。

5. 他們看電影，看了兩個鐘頭。

VII. Translate the following sentences into Chinese.

1. What is the month and date today?

2. I heard he just went to France.

3. Long time no see, where did you go?

4. He already bought quite a few things, he still wants to buy two (more).

5. You should rest for half an hour.

VIII. What would you say?

1. Your friend has returned from a trip, you want to ask him how long he was gone, and, how was the weather, what do you ask?

2. If you not sure when your school is having a test and what the test covers, how would you ask your classmate?

國家圖書館出版品預行編目資料

新版實用視聽華語學生作業簿 / 國立臺灣師範大學主編. – 二版. –
　新北市新店區： 正中, 2008. 2
　冊；19x26公分

　ISBN 978-957-09-1798-7（第1冊：平裝）
　ISBN 978-957-09-1799-4（第2冊：平裝）
　ISBN 978-957-09-1800-7（第3冊：平裝）
　ISBN 978-957-09-1801-4（第4冊：平裝）
　ISBN 978-957-09-1802-1（第5冊：平裝）

新版《實用視聽華語》學生作業簿 （一）

主　編　者◎國立臺灣師範大學
編輯委員◎王淑美・盧翠英・陳夜寧
召　集　人◎葉德明
著作財產權人◎教育部
地　　　址◎(100)臺北市中正區中山南路5號
電　　　話◎(02)7736-7990
傳　　　真◎(02)3343-7994
網　　　址◎http://www.edu.tw

發　行　人◎蔡繼興
出版發行◎正中書局股份有限公司
地　　　址◎(231)新北市新店區復興路43號4樓
電　　　話◎(02)8667-6565
傳　　　真◎(02)2218-5172
郵政劃撥◎0009914-5
網　　　址◎http://www.ccbc.com.tw
　　　　　E-mail：service@ccbc.com.tw
門　市　部◎(231)新北市新店區復興路43號4樓
電　　　話◎(02)8667-6565
傳　　　真◎(02)2218-5172

香港分公司◎集成圖書有限公司－香港皇后大道中
　　　　　283號聯威商業中心8字樓C室
TEL：(852)23886172-3・FAX：(852)23886174
美國辦事處◎中華書局－135-29 Roosevelt Ave.
　　　　　Flushing,NY 11354 U.S.A.
TEL：(718)3533580・FAX：(718)3533489
日本總經銷◎光儒堂－東京都千代田區神田神保町
　　　　　一丁目五六番地
TEL：(03)32914344・FAX：(03)32914345

政府出版品展售處

教育部員工消費合作社
地　　　址◎(100)臺北市中正區中山南路5號
電　　　話◎(02)23566054
五南文化廣場
地　　　址◎(400)臺中市中山路6號
電　　　話◎(04)22260330#20、21

國立教育資料館
地　　　址◎(106)臺北市大安區和平東路1段181號
電　　　話◎(02)23519090#125

行政院新聞局局版臺業字第0199號(10585)
出版日期◎西元2012年7月二版六刷
　　　　◎西元2013年1月二版七刷
ISBN　978-957-09-1798-7
定價／**110**元
著作人：王淑美・盧翠英・陳夜寧

分類號碼◎802.00.081

GPN 1009700071

著作財產權人：教育部